DISCOURS

PRONONCÉS

A MONTMORENCY, LE 20 JUIN 1875

AUX FUNÉRAILLES

DE

DOCTEUR LÉON-JULIEN GROS

OFFICIER DE LA LÉGION D'HONNEUR, MÉDECIN EN CHEF

DU CHEMIN DE FER DU NORD

MEMBRE DE LA SOCIÉTÉ MÉDICALE DES HOPITAUX DE PARIS

ET DE PLUSIEURS AUTRES SOCIÉTÉS SAVANTES

PARIS

TYPOGRAPHIE A. HENNUYER

RUE D'ARCET, 7

1876

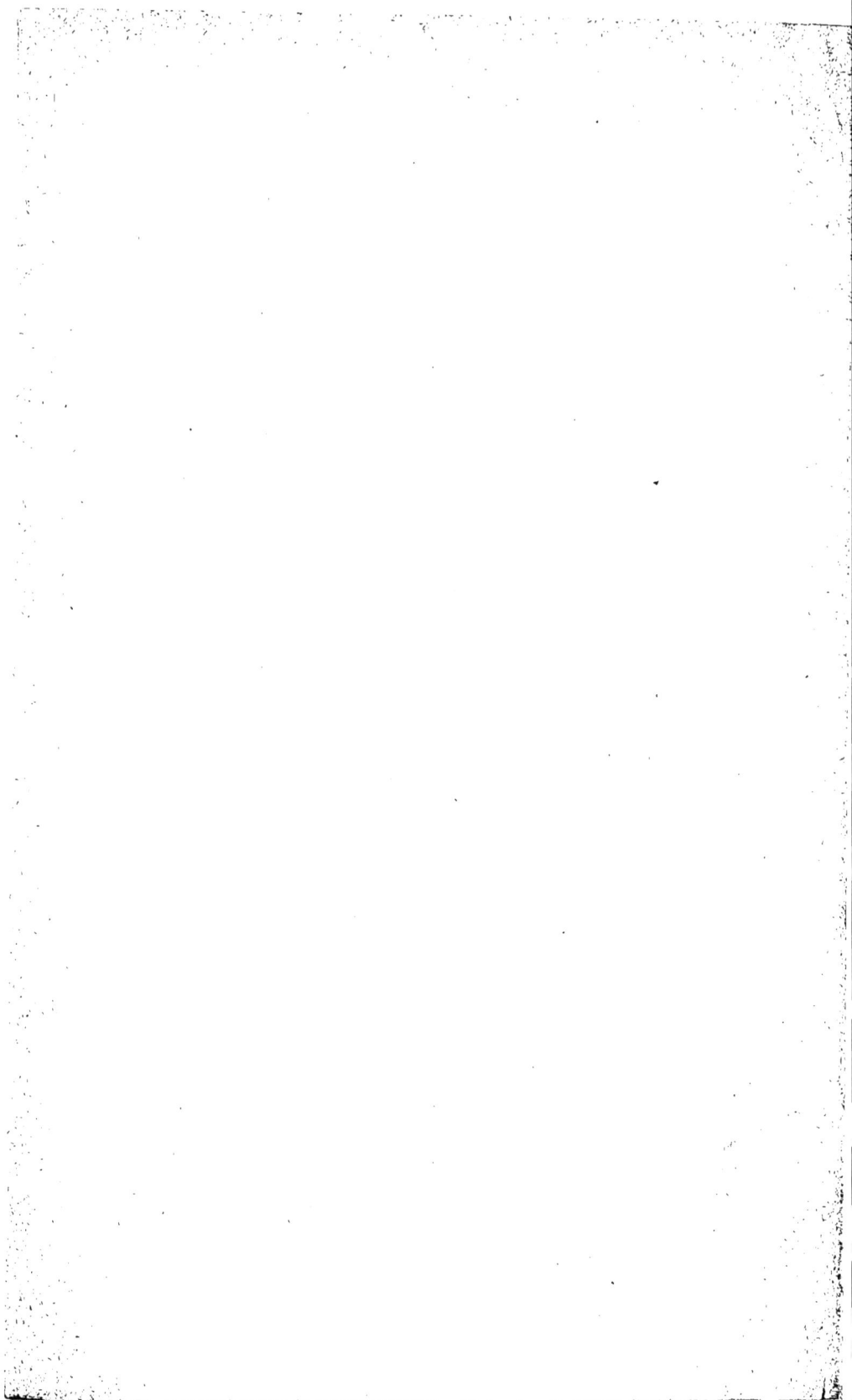

PAROLES

PRONONCÉES

PAR M. LE PASTEUR MONTANDON

DANS LA MAISON MORTUAIRE

———————————

Lecture, Rom. VIII, 18-21. 1 Cor. XIII, 9-12.

Dans cette demeure témoin il y a un an d'une pareille réunion de deuil, et où, après cette grande épreuve, la douleur n'était point éteinte, mais se pénétrait tous les jours davantage du sentiment de la résignation et de l'espérance chrétienne ; dans cette demeure attristée, un nouveau deuil nous ramène ; imposé, comme par une dispensation spéciale de la Providence, un an, jour pour jour après cette autre épreuve dont vous étiez venus prendre ici votre part ; — et nous voici encore une fois en présence des émotions douloureuses et des leçons que nous apporte la mort. Mais notre nombre s'est accru. On voit que ce n'est pas seulement un deuil de famille, c'est une affliction publique. M. le docteur Gros, enlevé subitement à ses travaux, à ses devoirs, à ses relations multipliées, c'est un malheur qui nous frappe tous, dont nous venons gémir ensemble et contre lequel nous avons besoin de nous affermir.

M. le docteur Gros, versé autant que personne dans la connaissance des maux et des souffrances qu'il avait pour mission de guérir, se savait atteint lui-même d'une de ces affections qui menacent d'une mort soudaine, et continuant de se dévouer au secours des malades, il avait besoin lui-même de ménagement.

Toutefois, les soins, la prudence, avaient sinon dissipé, du moins ajourné le péril, et l'inquiétude était bannie. Il éprouvait une vive jouissance à retrouver dans cette demeure champêtre, après l'accomplissement de ses devoirs professionnels, les beautés de la nature, le calme de la retraite et cette intime union des cœurs, trésor du foyer domestique. Il aimait avec les siens à y rappeler et à évoquer en quelque sorte par la puissance de l'amour (l'amour est plus fort que la mort) cette fille chérie, cette sœur bien-aimée prématurément enlevée à leur tendresse, et la vie leur était douce.

La journée du 18 juin venait de s'ouvrir sous les meilleurs auspices. Un simple bonjour au réveil, de l'époux à l'épouse, avait recommencé ce doux commerce de deux âmes étroitement liées, et ses yeux s'étaient refermés doucement pour préparer encore par un instant de sommeil l'activité du jour ; quand tout à coup un embarras de respiration s'annonce, signe précurseur de la mort. L'épouse alarmée s'écrie ; le fils accourt et reçoit avec elle le dernier soupir du mourant.

Mort cruelle pour ceux qui y assistent ; mort paisible, mort douce pour celui qu'elle enlève, et qui, d'ailleurs, n'était pas étranger à la pensée de la mort. Il avait dit plus d'une fois dans le cours de la maladie contre laquelle il eut à combattre longtemps : « On ne souffre pas plus pour mourir ; » et voilà qu'à l'heure de la mort les souffrances lui ont été épargnées. — Accueillez, parents affligés, cette première consolation, insuffisante je le sais ; mais ne négligez aucune part des adoucissements qu'il plaît à la divine Providence d'apporter à votre douleur.

Et nous, mes frères, considérons d'abord ce qui doit nous frapper ici : Qu'il y a peu de distance entre la vie et la mort !... Je ne veux pas dire seulement d'intervalle de temps, mais de différence de nature. Qu'est-ce que la vie ? Le chemin de la mort. — Qu'est-ce que la mort ? La continuation de la vie ; et même ici, vous le voyez, sans interruption, sans lacune. Que manque-t-il ici pour que nous retrouvions notre frère vivant pleinement ? Il y manque que nous apercevions les phénomènes extérieurs de la vie, mais la vie n'y manque pas en réalité.

Il n'y manquera même pas entre vous, parents affligés, ce commerce des âmes des présents à l'absent, communication spirituelle à laquelle vous vous étiez formés déjà depuis la précédente épreuve, et que vous serez empressés d'entretenir, sans recourir à ces moyens trompeurs dont se berce la crédulité, mais en vous appuyant sur la force du sentiment et sur les promesses de Dieu.

Vous savez les déclarations du Saint Livre : Quand le Seigneur parlait du Dieu d'Abraham, d'Isaac, de Jacob, il disait : « Dieu n'est pas le Dieu des morts, mais des vivants, et tous vivent en lui. »

Entretenez-le, ce commerce des âmes, surtout pour vous animer, par le souvenir et par l'exemple de notre frère défunt, à marcher sur ses traces. Vous, jeune homme, fils bien-aimé, le seul qui restât aux parents, le seul qui demeure à la mère pour être sa consolation, son appui ; vous sur qui reposaient les plus douces espérances de votre cher père ; sur qui s'appuie encore avec confiance l'espoir de ceux qui l'ont aimé et honoré, pénétrez-vous de plus en plus des principes de probité, de générosité, de piété et d'amour du bien public que vous lui avez vu déployer dans sa vie. Il vous laisse un héritage d'estime, de considération justement acquise ; assurez-vous-en la possession ; et que l'honneur conquis par votre père s'ajoute comme premier fonds à l'honneur que vous-même vous saurez conquérir.

Cela est simple, cela est bon, cela est grand. — Et ce n'est pas assez encore. Si je m'arrêtais là, ne vous semblerait il pas que je vous parle comme homme et nullement comme chrétien, comme ministre de l'Evangile ?

Je dois donc vous dire en finissant : N'oubliez pas ces avantages, ces consolations dont les circonstances de cette mort vous permettent de vous prévaloir, mais sachez les mettre à leur place et les subordonner aux consolations du chrétien.

Mon Dieu, devant ta grandeur nous ne sommes que petitesse ; devant ta sainteté, nous ne sommes qu'imperfection et misère ; mais tu nous as faits à ton image. Jésus-Christ, ton fils, est venu nous donner la vie éternelle ; et il nous a enseigné à te dire : Pardonne-nous nos péchés ; ne nous laisse point succomber dans la tentation. Voici pour notre ami défunt, pour notre frère, le plein accomplissement de ce vœu : Jésus-Christ a donné sa vie pour la rédemption du pécheur. C'est sur ta miséricorde infinie que nous fondons toutes les espérances pour la paix de notre âme, pour la sanctification et pour le salut. Ton serviteur a pu te dire, à l'exemple de son divin Maître : Mon Père, je remets mon esprit entre tes mains. — Et nous aussi, Dieu de bonté, nous te remettons son âme avec confiance.

Et nous n'attendrons pas pour nous-mêmes l'approche de la mort, pour te dire aussi cette parole de foi et de supplication : Notre Père, nous remettons nos esprits entre tes mains. Soutiens-nous dans l'épreuve et fais-nous en recueillir les fruits salutaires pour notre sanctification et pour notre bonheur éternel.

*

PAROLES

PRONONCÉES

PAR M. LE PASTEUR MONTANDON

SUR LA TOMBE

Après avoir jeté la première pelletée de terre :

« Tu es poudre et tu retourneras en poudre. »

Ce n'est pas la parole d'un homme, c'est la sentence que Dieu lui-même prononçait à notre premier frère, et vous voyez comme elle est fidèlement et constamment exécutée. Et la mort, chaque fois qu'elle frappe, nous émeut, nous bouleverse et nous étonne presque. Ne demandons pas pourquoi elle moissonne. — La réponse évidente, c'est que nous ne sommes pas ici-bas chez nous, dans notre véritable demeure, mais en un lieu de passage, pour y essayer et y apprendre la vie et pour aller la continuer ailleurs.

Et c'est en même temps l'explication du deuil et de la douleur qu'il renferme. Il faut que ces départs nous rappellent que nous ne sommes pas créés pour la terre, et que l'affliction nous fasse désirer et attendre avec espérance la patrie où la mort ne régnera plus.

Ajoutons-y cette autre pensée, cette réflexion simple et profonde que nous fournit l'exemple d'un illustre affligé : Job disait à sa femme qui lui faisait comme un reproche de souffrir sans se plaindre : « Tu parles comme une insensée. Nous recevons de Dieu les biens, ne recevrions-nous pas aussi de lui les maux ? » — Loin de nous donc les murmures et la défiance ! Dieu daigne s'appeler notre Père, et même quand il nous afflige, il nous traite comme ses enfants.

La souffrance nous fait envisager la vie sous un aspect nouveau. Elle éclaire notre intelligence et nous enseigne à ne point chercher ici-bas le vrai et solide bonheur dans la jouissance, mais à le composer surtout de la confiance en Dieu, de l'espérance et du désir des biens éternels qui nous sont promis,

« Il me vaut mieux mourir que vivre, disait saint Paul, pour être avec Jésus-Christ, ce qui me serait bien plus avantageux ; néanmoins, il vaut mieux pour vous que je demeure ; » — et par cette considération, saint Paul se rattachait à la vie. C'était pour remplir le devoir.

« Heureux sont ceux qui meurent au Seigneur ! » (lisons-nous dans la parole sainte). Ils se reposent de leurs travaux et leurs œuvres les suivent. » — Non pas tant les œuvres qu'ils ont faites, pour lesquelles ils n'ont toujours qu'à implorer l'indulgence et la miséricorde de Dieu, que les œuvres qu'ils ont à faire ; toujours les mêmes, celles qu'ils ont commencées ici-bas : recherche de la vérité, dès lors dégagée des voiles qui la couvraient à leurs yeux ; recherche de la justice, dont elles ont attendu le règne ; car « nous attendons, selon la promesse, les nouveaux cieux et la nouvelle terre où la justice habite. » Enfin, accomplissement du devoir selon la double règle posée par le Seigneur : Aimer Dieu de tout son cœur, et son prochain comme soi-même.

Préparons-nous à ce bonheur et entrons dans cette voie que le Seigneur nous ouvre en nous donnant dès maintenant la vie éternelle.

O Dieu ! répands ta consolation et ta lumière dans nos cœurs. Sois notre force et notre joie. Pénètre-nous de cette conviction si douce « qu'il n'y a point de proportion entre la souffrance du temps présent et la gloire à venir qui doit être manifestée en nous ! » *Amen.*

PAROLES

PRONONCÉES AU CIMETIÈRE

PAR M. LE DOCTEUR MANUEL LEVEN

MÉDECIN DU CHEMIN DE FER DU NORD

———

Je viens, au nom des médecins de la compagnie du Nord, dire un dernier adieu à notre excellent confrère le docteur Léon Gros, chef du service médical, à notre excellent ami. En portant la parole pour les présents et les absents, et en exprimant les regrets profonds et sincères qu'il laisse parmi nous, j'ai la conviction que je suis l'interprète d'une pensée unanime.

Léon Gros était aimé de nous tous, il avait cette affabilité qui produit les sympathies. Il avait à un très-haut degré le respect de la dignité professionnelle, et il savait entretenir entre le service administratif et le service médical, les meilleures relations au profit de l'administration et des médecins. Sa préoccupation constante était de faire apprécier le dévouement, le savoir avec lequel nos confrères remplissent leur mission.

Ses rapports annuels si exacts, qui rendaient compte de l'état sanitaire du personnel, en font foi.

Aimé de ses confrères, il ne l'était pas moins des malades.

Aimable avec les petits, non moins qu'avec les grands, il savait compatir aux douleurs, aux misères qu'engendrent les maladies.

Il savait donner, avec d'excellents conseils médicaux, des paroles de consolation qui ne sont pas moins nécessaires aux malades.

Vous parlerai-je de sa science? .

Qui de vous ne sait que Léon Gros était un médecin très-instruit, un excellent observateur, et qu'il avait une connaissance approfondie de son art.

Il aimait la science.

Mais pourquoi parler de la science sur une tombe?

Que reste-t-il de tous nos efforts dans le chemin de la science que nous parcourons péniblement?

Qu'est-ce que la vie d'un homme dans ce grand mouvement scientifique auquel concourent tant de générations, qui chacune ne laissent qu'une bien faible trace de leur passage? Mais ce qui reste pour les survivants qui ont connu l'homme, c'est le souvenir de ses qualités morales qui nous le faisaient aimer, qui nous attachaient à lui.

Elles sont le reflet de l'âme immortelle : nous ne les oublierons pas, et elles nous feront penser toujours à l'ami que la mort nous a enlevé trop tôt.

PAROLES

PRONONCÉES

PAR M. LE DOCTEUR VIDAL

MÉDECIN DES HOPITAUX

Au nom de la Société médicale des hôpitaux, je viens, sur cette tombe si prématurément et si soudainement ouverte, apporter l'expression émue des plus profonds regrets et de la plus sincère affliction.

Pendant près de vingt ans, notre regretté collègue Léon Gros a été l'un des membres les plus assidus et les plus dévoués de notre Société. Sa vive intelligence, son amour du travail, sa grande expérience acquise par une longue pratique, et les rares qualités de son cœur, lui avaient mérité l'estime et la sympathie de tous.

Ses travaux seront appréciés dans l'éloge qui sera lu en séance solennelle et perpétueront sa mémoire parmi nous. Aujourd'hui, c'est à l'ami que nous venons dire un éternel adieu.

Tous nous conserverons précieusement dans le cœur le souvenir de l'homme honnête par excellence, bon et dévoué, jusqu'à l'oubli de soi-même, que nous pleurons en cette heure et que nous regretterons à jamais.

Adieu, Léon Gros!... adieu!...

PAROLES

PRONONCÉES

PAR M. BOURDOUX

VICE-PRÉSIDENT DE " LA MUTUALITÉ COMMERCIALE ", SOCIÉTÉ DE PRÉVOYANCE
POUR LES EMPLOYÉS DE COMMERCE

Au nom du Comité de la Mutualité commerciale, société de prévoyance pour les employés de commerce, je viens apporter notre part de regrets à celui qui était notre médecin en chef.

C'est à son concours généreux et bienfaisant, et à celui de son frère, M. Aimé Gros, que les employés de commerce doivent la fondation de cette société qui rend d'aussi grands services.

En témoignant au docteur Léon Gros, sur cette tombe encore ouverte, toute notre reconnaissance, je suis l'interprète de tout le commerce de la nouveauté de Paris.

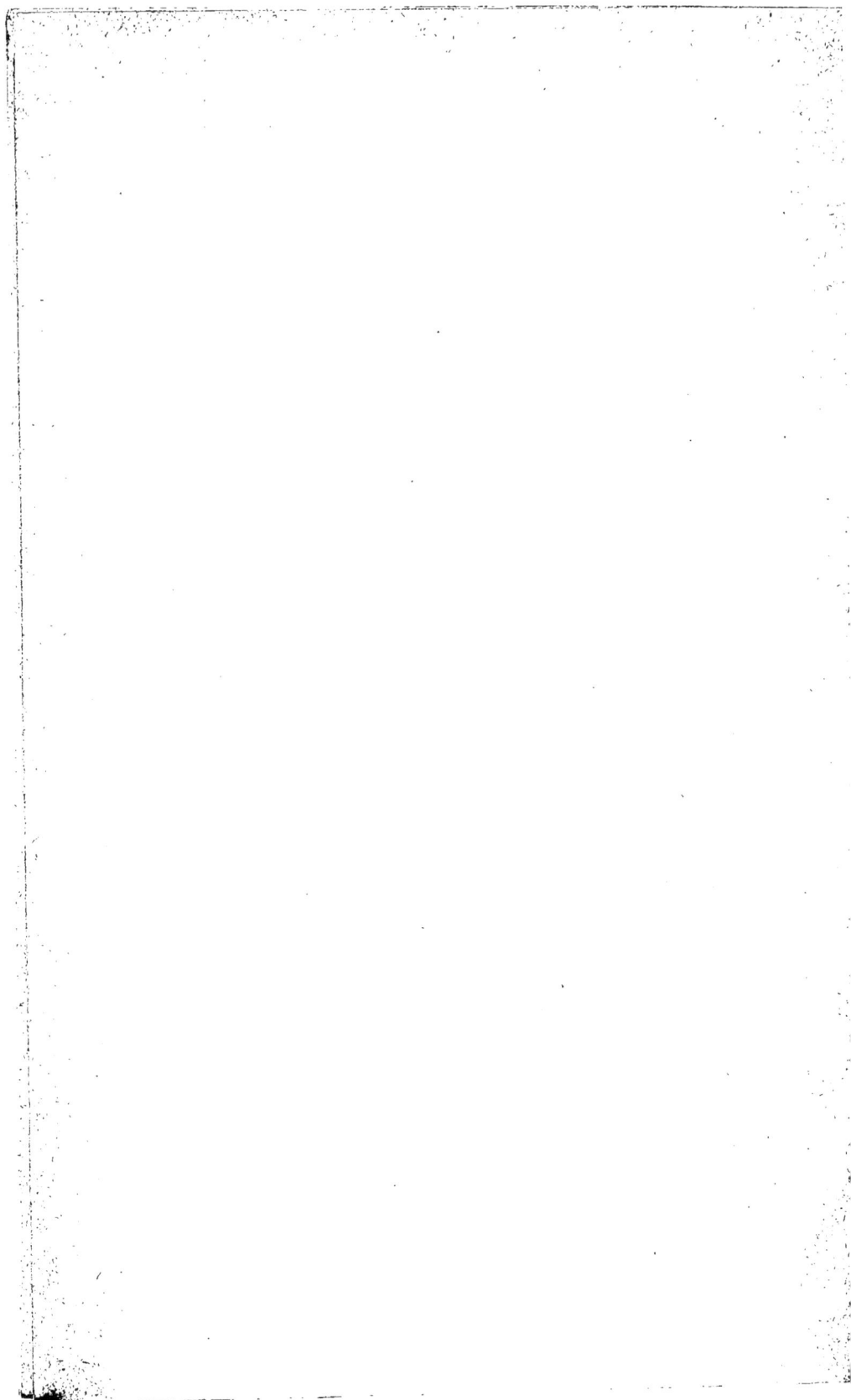

DISCOURS

PRONONCÉ

A MONTMORENCY, LE 20 JUIN 1875

SUR LA TOMBE

DU

Docteur LÉON GROS

PAR

M. le Professeur HIRTZ

Dimanche dernier, au cimetière de Montmorency, un grand nombre de confrères et d'amis ont rendu les derniers devoirs à notre excellent et digne confrère, M. Léon Gros, enlevé subitement à l'affection de sa famille et de ses amis. La Société médicale des hôpitaux, dont M. Gros faisait partie, était représentée par plusieurs de ses membres. Au nom de cette Société, M. le docteur Vidal lui a adressé les derniers adieux. M. le docteur Leven s'est fait l'interprète des médecins du chemin de fer du Nord. M. Tardieu, président de l'Association générale, représentait le Conseil général de cette institution, à laquelle M. Gros avait prêté un long et précieux concours.

M. le professeur Hirtz, qui avait été le maître, et qui est resté l'ami de Léon Gros, a prononcé l'allocution suivante sur la tombe de ce regretté confrère :

MESSIEURS,

Celui dont nous entourons les derniers restes fut un médecin de grand savoir, un homme de cœur et d'honneur, et un excellent patriote : c'était un digne fils de l'Alsace.

Né d'une famille vouée à la haute industrie qui, dans notre province natale, a tant contribué à la gloire et à la richesse de la France, Gros y aurait trouvé sa place toute faite.

Son instinct scientifique et ses sentiments humanitaires le poussèrent vers les labeurs bien autrement difficiles de notre profession. Il vint à notre Faculté de Strasbourg, et y conquit bientôt par le concours ces grades préliminaires qui marquent dès leur début la place de ceux qui sont destinés au premier rang. — Interne de notre Grand Hôpital, aide de clinique du professeur Forget, dont il devint bientôt le collaborateur et l'ami; aimé et attiré par les autres professeurs, nous le comptions dès lors parmi les hommes d'avenir de la jeune Faculté, et lui-même se félicita toute sa vie (et ces derniers jours encore) d'avoir fait ses premières études dans l'École alsacienne.

Mais le dévouement professionnel était sa vocation dominante, et après avoir couronné ses études par une thèse remarquable, il alla s'établir dans la petite ville industrielle de Sainte-Marie-aux-Mines, au pied de nos Vosges, où, à la tête d'un hôpital, il put continuer ses recherches cliniques. Bientôt il se maria avec celle que, dès longtemps, avait choisie son cœur. — Il entra ainsi dans une famille où depuis plus d'un siècle la science et l'enseignement étaient traditionnellement représentés par des hommes d'élite, qui ont laissé une trace lumineuse dans l'Université de Strasbourg. — De ce jour le bonheur de Gros fut complet.

Il n'eût sans doute pas songé à le porter sur un théâtre plus élevé ; mais d'autres devoirs l'appelèrent à Paris, où il dut continuer, ou plutôt recommencer sa carrière.

Ce n'était pas une mince entreprise pour un praticien de petite ville que de venir, sans patronage, sans attache officielle, s'établir dans une immense capitale, sur un terrain parcouru par tant d'hommes distingués, en possession déjà de la célébrité et de la confiance publique.

Gros eut ce courage, car il avait l'instinct de sa valeur. Il eut, de plus, cet autre courage plus méritoire encore : celui de la *patience*, qui sait attendre avec dignité, au lieu de se jeter au devant du public en risquant d'y perdre le duvet de sa délicatesse.

C'est au travail, à la science, à l'honorabilité, qu'il demanda son succès, et il l'obtint ; il l'obtint même plus vite peut-être qu'il n'osait l'espérer ; car, en peu d'années, il acquit une notoriété qui s'étendait aux couches les plus élevées de la société. Et je puis ajouter, sans être démenti par personne, qu'en même temps qu'il gagna l'inaltérable attachement de ses clients, il conquit et garda jusqu'au dernier jour l'estime et l'amitié de ses confrères.

Mais Gros n'était pas homme à s'endormir ou à s'amollir dans le succès. La science avait été sa première maîtresse ; il lui resta fidèle, et, au milieu des fatigues d'une grande clientèle, il l'enrichit de nombreuses publications, dont quelques-unes, d'une grande importance, maintiendront son nom dans nos annales.

Mais la valeur de cet homme d'élite se complétait ailleurs et plus haut encore. Elle était dans cette personnalité éminemment sympathique et gracieuse; dans cette intelligence si vive et si compréhensive, qui s'étendait bien au delà du savoir professionnel ; elle était dans cette chaleur du cœur qui rayonnait dans ses traits ; dans cette âme ardente qui vibrait dans son langage ; elle était dans son profond et sérieux patriotisme, sans cesse préoccupé de la grandeur et de l'honneur de la France, et si tristement éprouvé dans ces derniers temps !

Hélas ! une épreuve plus cruelle et plus personnelle devait bientôt s'imposer à son courage, et lui faire payer en une fois vingt-cinq années de bonheur domestique. Il venait à peine, depuis un an, de marier sa fille, type charmant de grâces et de jeunesse unies aux supériorités de l'intelligence, quand elle fut saisie, en pleine force, d'une de ces fièvres graves qui conduisent à la tombe par les chemins les plus douloureux. Ce qu'il a développé, pour la sauver, pendant ces trente mortelles journées, de courage et de science, personne ne le sait mieux que celui qui fut témoin de cette lutte. Nous étions frappés d'admiration en voyant l'héroïsme de ce père comprimant sa douleur pour disputer sa fille à la mort avec toutes les ressources du clinicien consommé, et luttant encore quand toute espérance était impossible. Hélas! dans ce combat, la mort devait avoir le dernier mot!

Après la catastrophe, il ne faiblit point; il se raidit contre la douleur, parce qu'il lui restait d'autres devoirs avec d'autres affections. C'est pour ces affections et par elles qu'il a encore vécu pendant cette année; c'est par elles aussi qu'il fut récompensé en trouvant dans le vigilant amour d'une femme d'élite et d'un fils digne de lui, des trésors de tendresse et de dévouement qui soutenaient son courage.

Mais le ressort vital avait été affaibli par une tension excessive; et quand son courage, sa vivacité, son intelligence toujours si nette, quand, en un mot, toutes les apparences extérieures nous entretenaient dans les illusions de l'amitié, la mort planait déjà sur lui, et, avant-hier, sans transition, sans aucun signe précurseur, elle le surprit pendant un instant de sommeil.

C'était jour pour jour, et presque heure pour heure, l'anniversaire de la mort de sa fille!

Ne le plaignons pas, il n'a pas senti la séparation; il est mort après sa journée bien remplie, laissant derrière lui le souvenir d'un homme de bien, d'un médecin dévoué à ses devoirs, et d'un patriote sincère dans la plus noble acception du mot.

De ce patriotisme, la dernière et la plus touchante preuve, tenez, elle se dégage de ce caveau funèbre, demeure *provisoire* où il vient de rejoindre sa fille chérie. Pourquoi provisoire? Parce qu'ils ne reposeront là que jusqu'à ce que sonne l'heure où la terre d'Alsace, redevenue française, pourra les recevoir. Cette heure, nous l'attendons tous avec confiance et espérance : c'est là que nous avons laissé les tombeaux de nos pères et les berceaux de nos enfants.

En attendant, cher Gros, cher ami, repose en paix à côté de ta fille; son souvenir et le tien vivront parmi nous.

Au nom de tes anciens maîtres de la Faculté de Strasbourg, au nom de tes confrères, au nom de notre vieille amitié, je t'adresse cet adieu suprême. Dors en paix jusqu'au jour du réveil!

Extrait de l'UNION MÉDICALE (Troisième Série) du 24 juin 1875.

Paris. — Typographie Félix Malteste et Ce, rue des Deux-Portes-Saint-Sauveur, 22.